© 2002 Éditions MILAN pour la première édition
© 2005 Éditions MILAN pour la présente édition
300, rue Léon-Joulin, 31101 Toulouse Cedex 9 France
Droits de traduction et de reproduction réservés pour tous
les pays. Toute reproduction, même partielle, de cet ouvrage
est interdite. Une copie ou reproduction par quelque procédé
que ce soit, photographie, microfilm, bande magnétique,
disque ou autre, constitue une contrefaçon passible
des peines prévues par la loi du 11 mars 1957
sur la protection des droits d'auteur.
Loi 49.956 du 16.07.1949
Dépôt légal : mars 2005
ISBN : 2-7459-1771-4
1er trimestre 2006
Imprimé en France par Pollina, 85400 Luçon - n° L98916 c

LES GOÛTERS PHILO

BRIGITTE LABBÉ • MICHEL PUECH

LA BEAUTÉ ET LA LAIDEUR

ILLUSTRATIONS DE JACQUES AZAM

MILAN
jeunesse

Au menu de ton Goûter Philo

Un beau cahier 7

Je suis moche 9

Le doudou à la poubelle 11

Le vilain petit canard 13

Douze milliards d'yeux 16

Beau comme un ange ! 18

Une laideur qui s'envole 20

La vraie laideur 22

Coccinelle ou ver de terre ? 24

Un mur invisible 25

Grand-mère saute par-dessus le mur 27

Questions pour un champion 29

Parlez-moi de Laure 31

Homme-objet, femme-objet 32

Élève Picasso : 0/20 34

Touché ! 36

Le nez sur le guidon 37

Envie... d'avoir envie 39

Le rayon vert 41

Et pour finir (Mon cahier Goûter Philo) 45

Un beau cahier

C'est la rentrée scolaire, Malik a acheté des cahiers et un nouveau stylo plume. Le premier soir, il a déjà un devoir de maths à faire. Ce n'est pas sa matière préférée, mais l'idée d'écrire sur un beau cahier neuf avec son nouveau stylo plume lui donne envie de s'y mettre. Il s'applique, il veut que son cahier reste beau.

À la fin de l'année dernière, Malik écrivait à toute vitesse sur son cahier de brouillon, il s'en fichait, le cahier était tout déchiré et moche. Mais là, il a envie de bien écrire, de faire de beaux chiffres, de bien tirer les traits.

Si le hall de notre immeuble est moche, plein de saletés par terre, s'il y a des vitres cassées, une porte défoncée, nous n'avons pas envie de faire attention, de nous essuyer les pieds, de jeter nos papiers à la poubelle. Si nous pique-niquons dans un beau parc, sur une belle pelouse plantée de jolies fleurs, nous pensons plus facilement à tout ramasser avant de partir ; mais si le parc est moche, s'il y a des détritus partout, nous faisons moins attention, ou même, pas du tout.
Quand c'est laid, on s'en fiche plus facilement, on se dit que, de toute façon, un peu plus, un peu moins, ce n'est pas grave.
Voir de belles choses, ce n'est pas seulement un plaisir de l'œil. Le beau a un effet sur nous, la beauté de ce qui nous entoure a une influence sur nous, sur notre humeur,

sur nos envies, sur nos actes. La beauté change la couleur de nos pensées : la beauté d'un morceau de musique, des étoiles dans la nuit, d'une statue, d'un arc-en-ciel, nous remonte le moral. Elle nous rappelle que la vie peut être belle.

Je suis moche

- « Marre, j'en ai marre, marre
- de mon nez, marre de mes boutons,
- marre de mes cheveux trop fins,
- de mes lunettes, de mes dents
- de travers, marre de ma tronche,
- je me trouve moche, trop moche. »

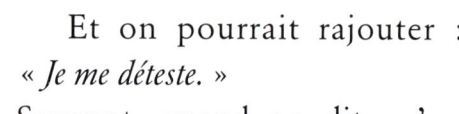Et on pourrait rajouter : « *Je me déteste.* »

Souvent, quand on dit qu'on est moche, on ne se trouve pas vraiment moche. C'est plutôt le signe que quelque chose d'autre ne va pas, qu'on a des problèmes, qu'on se sent mal dans sa peau, à l'intérieur, qu'on se sent nul, pas intéressant, moins bien que les autres.

D'ailleurs, que se passe-t-il le jour où on reçoit un petit billet d'amour d'un copain ou d'une copine, le jour où on est invité à trois boums de suite, le jour où on est applaudi à la fin d'un exposé ? Est-ce qu'on ne se sent pas moins moche, alors que rien n'a changé à l'extérieur, alors qu'on a toujours la même tête ? Quand on se sent aimé, apprécié, admiré, alors, on se sent beau.

Le regard des autres est attiré par la beauté, c'est vrai, mais c'est vrai aussi que le regard des autres crée la beauté.

Le doudou à la poubelle

« C'est quoi, ce truc horrible ? »
demande Noëlle à Anna.
Noëlle vient de trouver sous le lit
d'Anna un vieux nounours sale, déchiré,
il lui manque une patte, la moitié
d'une oreille, et il n'a plus ses yeux.
« Beurk, en plus, il pue ! » continue
Noëlle.
« T'es folle, jette toutes les autres
peluches si tu veux, mais pas celle-là »,
dit Anna en récupérant
le nounours que
Noëlle a balancé
au fond de
la poubelle.
Ce nounours,
c'est
le doudou
d'Anna.
Elle l'aime,
pas question
de s'en séparer.

LA BEAUTÉ ET LA LAIDEUR

Évidemment, si ce nounours était dans la vitrine d'un magasin, Anna ne le regarderait même pas, elle ne dépenserait pas un centime pour l'acheter, elle le trouverait immonde. Mais là, dans sa chambre, elle le trouve beau. Elle est sûrement la seule à le trouver beau.

Avec ce doudou, elle a vécu plein de choses, elle le serre dans ses bras en s'endormant ; elle en avait besoin quand elle était petite, pour se rassurer le soir quand elle avait peur ou se sentait seule, elle lui a confié des secrets ; elle le trouve doux, elle aime son odeur, elle le câline toujours en le frottant contre sa joue.

Elle l'aime, mais ce n'est pas parce qu'elle le trouve beau. Elle le trouve beau, parce qu'elle l'aime !

L'amour, l'affection que nous avons pour des objets ou des gens donnent une beauté à ces objets ou à ces gens. Comme si les sentiments nous faisaient voir une beauté qui ne se voit pas à l'œil nu.

Le vilain petit canard

Ne me parlez pas, je suis trop moche.

Dans sa classe, Sylvie se sent mal. Pourtant elle travaille bien, elle a de bonnes notes, mais elle est complexée parce qu'elle est de loin

- la plus petite en taille, elle n'ose
- plus sourire depuis qu'elle a un appareil
- dentaire, elle déteste sa nouvelle coupe
- de cheveux et, depuis 4 jours,
- elle a 3 boutons sur le nez qui
- ne partent pas. Son cauchemar,
- c'est la récréation. Elle reste dans
- son coin, et même quand les autres
- viennent la chercher, elle refuse.

Sylvie marche toujours la tête un peu baissée, les épaules rentrées ; elle est renfermée, elle se sent comme le vilain petit canard, moche, et rejetée. Elle fait tout pour passer inaperçue, et ça marche : à force, personne ne la remarque.

LA BEAUTÉ ET LA LAIDEUR

Sylvie est coincée : elle se sent moche, donc elle se cache, elle se cache donc personne ne la remarque, personne ne la remarque, donc elle pense qu'on la trouve moche, donc elle se cache, donc… et cela peut continuer pendant des années.

Lundi, un nouveau est arrivé.
Il s'appelle Frédéric. Le maître
a demandé à Sylvie de lui faire visiter
l'école. Elle lui montre la bibliothèque,
la cantine, le gymnase et la salle
des maîtres. Sylvie ne dit pas un mot,
mais Frédéric, lui, n'arrête pas
de parler et de raconter des blagues,
surtout sur les blondes, Sylvie
est brune, ça la fait rire.
« C'est marrant, tu ris comme Carole,
lui dit Frédéric.
— C'est qui, Carole ?
— C'était ma meilleure copine dans mon
école d'avant, et je trouve même
que tu lui ressembles », répond Frédéric.
Frédéric et Sylvie discutent souvent

LES GOÛTERS PHILO

- ensemble, ils ont décidé de faire
- tous les deux le prochain exposé sur
- Napoléon, ils iront chez Sylvie parce que
- Frédéric n'a pas d'ordinateur chez lui.

Plus personne ne reconnaît Sylvie, elle ne cherche plus à se faire oublier, elle rit, elle parle aux autres. Elle s'est décoincée : elle ne se cache plus, donc on la remarque, on la remarque, donc elle se sent moins moche, donc elle se sent de plus en plus à l'aise, donc elle se sent de moins en moins moche… et cela va continuer, de mieux en mieux !

- « Ça te va bien, les cheveux courts,
- lui dit Lydia.
- — Mais ça fait au moins 15 jours que
- je me les suis fait couper ! s'étonne Sylvie.
- — Ah bon ? Je n'avais pas remarqué,
- ça te va super bien », répond Lydia.

Personne n'avait remarqué que Sylvie était mignonne. Normal, elle était tellement sûre qu'elle était moche qu'elle finissait par

LA BEAUTÉ ET LA LAIDEUR   15

le faire croire aux autres. Elle se comportait comme quelqu'un d'impossible à regarder. Et petit à petit, elle devenait vraiment quelqu'un d'impossible à regarder.

La beauté et la laideur, ce n'est pas ce qu'on voit dans la glace, c'est ce qu'on ressent à l'intérieur… et ce qu'on voit dans la glace dépend beaucoup de ce qu'on ressent à l'intérieur !

Douze milliards d'yeux

Pour la fête des Mères, tous les enfants du CP ont rapporté un dessin à leur maman. Pierre a dessiné un grand soleil et des oiseaux.
« C'est magnifique ! lui dit sa maman en l'embrassant. On va l'encadrer et l'accrocher dans le salon. »

Si le professeur de dessin avait fait lui-même le dessin, peut-être que tout le monde le trouverait plus beau. Mais pas la maman de Pierre : elle trouverait toujours le dessin de Pierre mille fois plus beau. Parce que dans le dessin de son fils, elle voit autre chose que des traits, des couleurs et des formes. Elle voit l'envie qu'a Pierre de lui faire plaisir, les idées qu'il a eues, la fierté qu'il ressent de lui offrir un cadeau, les efforts qu'il a faits… C'est tout cela, aussi, qui donne, à ses yeux, de la beauté à ce dessin. Les autres ne la voient pas forcément.

> « Eh, Maman, c'est une plaisanterie, tu ne vas quand même pas accrocher ce gribouillage en plein milieu du salon ? » râle Fabien, le grand frère de Pierre.

La beauté que nous ressentons dans les gens, dans une œuvre d'art, un paysage, un poème, une photographie, dans les chants des oiseaux, dans une chanson, un morceau de piano… dépend de ce que veulent dire, pour nous, ces gens, ces œuvres d'art, ces paysages, ces poèmes, cette musique.

LA BEAUTÉ ET LA LAIDEUR   17

On peut trouver très beau un vieux marin tout ridé, parce que, dans ses rides, on voit le soleil, la traversée des océans, le goût de l'eau salée, les voiliers, l'aventure…

Personne n'a la définition de la beauté, on ne peut pas ranger, d'un côté, ce qui est beau pour tout le monde, de l'autre, ce qui est laid pour tout le monde. Il y a plus de 6 milliards d'humains sur Terre, plus de 12 milliards d'yeux et d'oreilles qui ne voient pas et n'entendent pas de la même façon.

Beau comme un ange !

Tous les papas et toutes les mamans disent de leur bébé : « *Il est beau comme un ange !* » Les amoureuses disent de celui qu'elles aiment : « *Il est beau comme un dieu !* »

Mais qui peut dire quelle tête ont les anges, qui peut savoir à quoi ressemble un dieu ? Évidemment, personne n'en a la moindre idée… mais, de toute façon, cela ne se discute pas : un dieu, un ange, s'ils existent, sont for-

cément très très beaux. Quand les dieux ont des yeux globuleux, un sourire sans dents, le nez qui coule, la peau verdâtre, ce ne sont plus des dieux, mais des diables. Donc des méchants. Dans les histoires, les méchantes sorcières ne sont jamais belles, et quand elles se font belles, c'est pour faire croire qu'elles sont gentilles. Si on veut dessiner quelqu'un de méchant : c'est facile, on dessine quelqu'un de laid.
Pourtant, on le sait bien, la beauté n'a rien à voir avec la gentillesse, et la laideur n'a rien à voir avec la méchanceté. Mais alors, quand quelqu'un fait quelque chose de gentil, pourquoi dit-on qu'il fait une belle action, qu'il a eu un beau geste ? Et quand quelqu'un fait quelque chose de méchant, pourquoi dit-on qu'il fait quelque chose de laid, qu'il fait un truc moche, et même, que c'est quelqu'un de moche ?

Une laideur qui s'envole

- Quand Thibault a vu E.T., l'extraterrestre,
- apparaître pour la première fois
- sur l'écran de cinéma, il l'a trouvé
- tellement hideux, tellement moche,
- avec son énorme tête, sa peau de crapaud,
- ses doigts immenses, qu'il a eu très peur.

La laideur physique fait peur. C'est vrai que la laideur choque ; quand quelqu'un nous semble très laid, on dit qu'il est repoussant, comme si cette laideur nous repoussait loin de lui. Le premier mouvement que l'on a face à la laideur est un mouvement de recul.

- « À la fin du film, je trouvais E.T.
- mignon. Il ne me faisait plus peur
- du tout, j'avais envie de le prendre
- dans mes bras, j'avais plutôt peur
- des humains », dit Thibault.

Pendant une heure et demie, Thibault s'est habitué au physique d'E.T., et il a vu grandir l'amitié entre E.T. et Elliott, le petit garçon qui l'a recueilli dans sa maison. La première impression de Thibault a disparu, la laideur qui l'avait frappé, à première vue, a laissé la place à autre chose : à des sentiments. Thibault a découvert E.T., E.T. l'a ému, l'a attiré. Le physique de l'extraterrestre n'a pas changé, il a la même grosse tête, la même peau de crapaud, les mêmes doigts, et pourtant, sa laideur s'est envolée. Et tout le monde a envie de câliner ce petit monstre verdâtre, de couvrir sa peau granuleuse de mille bisous, de serrer très fort son corps difforme. C'est clair : la laideur physique, ce n'est qu'à première vue.

La vraie laideur

> Quand monsieur Delmer sort de chez
> lui pour promener son chien, les gens
> du village changent de trottoir pour
> ne pas le croiser, tout le monde l'évite.
> « Je ne peux même pas le regarder
> dans les yeux quand je lui rends
> la monnaie, c'est quelqu'un de trop
> moche », dit le marchand de journaux.

Pourtant, quand on regarde bien monsieur Delmer, on voit qu'il n'a vraiment rien de particulièrement laid ou repoussant.

Pendant la dernière guerre mondiale, monsieur Delmer a dénoncé ses voisins, toute la famille a été arrêtée et envoyée dans des camps. C'était une famille qui possédait de grands champs, et grâce à ses lettres de dénonciation, monsieur Delmer leur a tout pris, sans payer un sou. Après la guerre, monsieur Delmer a fait de la prison, mais quand il est sorti, il est revenu vivre dans son village. Et personne n'avait oublié ce qui s'était passé.

La laideur de monsieur Delmer n'a pas de rapport avec son physique. En le regardant, on ne voit qu'une chose, la laideur de ses actes. Une laideur qui lui colle à la peau, une vraie laideur, beaucoup plus vraie que la laideur d'un nez tordu, d'un ventre gras et mou ou d'une peau boutonneuse.

La vraie laideur existe, elle n'a rien à voir avec le corps, le visage, le physique. La vraie laideur des personnes, c'est la laideur de leurs actes, c'est une laideur morale.

LA BEAUTÉ ET LA LAIDEUR

Coccinelle ou ver de terre ?

- Si on doit devenir une petite bestiole,
- il vaut mieux choisir de se transformer
- en coccinelle qu'en ver de terre !
- Une coccinelle, on aime la faire grimper
- sur son doigt, la faire passer d'une main
- à l'autre, peut-être la poser dans
- une boîte d'allumettes avec une feuille
- de salade, et ensuite la laisser s'envoler...

Personne ne tue les coccinelles. Par contre, écraser un ver de terre, pour la plupart des gens, pas de problème !

Pourquoi ? Tout simplement parce que la coccinelle, nous la trouvons belle, elle nous attire, alors que le ver de terre, nous le trouvons laid, il nous dégoûte.

Nous ne tuons pas la coccinelle parce que nous sommes sensibles à sa beauté, et même plus : sa beauté nous rend sensibles.
La beauté crée un lien, un vrai lien affectif entre celui qui voit et ce qu'il voit.

Un mur invisible

« C'est quoi, cette manière de t'habiller, ces pantalons qui tombent et laissent ton nombril à l'air, ces énormes chaussures, ce sweat-shirt qui a 3 tailles de trop ? On dirait que tu veux t'enlaidir. »
La tante de Sofiane déteste la manière dont s'habille sa nièce.
« Et cette musique que tu écoutes sans arrêt ! Mais comment peux-tu aimer ces types qui parlent au lieu de chanter ? »
Justement, cette chanson de rap, Sofiane la trouve très belle.
« Non, ce n'est pas possible que tu trouves beau ce type, il a une tête

- d'idiot », continue sa tante en découvrant
- le poster de Johnny Depp que Sofiane
- a mis dans sa chambre.

On sent que ce n'est pas le grand amour entre Sofiane et sa tante ! Il y a comme un mur invisible entre les deux. Évidemment, sa tante a le droit de ne pas aimer le style de Sofiane, le rap, ou Johnny Depp. Et Sofiane a le droit de ne pas avoir les mêmes goûts que sa tante. En fait, ce ne sont pas leurs différences de goût qui les séparent, et heureusement, parce que ce serait triste, nous ne pourrions nous entendre qu'avec des gens qui ont les mêmes goûts que nous. Non, ce qui les sépare, c'est le désintérêt total de sa tante pour les goûts de Sofiane. Et sa façon de juger, sèche et définitive.

LES GOÛTERS PHILO

Grand-mère saute par-dessus le mur

« Fais-moi un peu écouter la musique
que tu aimes », demande à Sofiane
sa grand-mère.
Sofiane lui met les écouteurs
en essayant de ne pas décoiffer
son chignon. Sa grand-mère écoute
2 morceaux sans bouger et se retourne
vers Sofiane.
« Tu peux m'expliquer ce que tu aimes
là-dedans ? »
Et Sofiane se lance dans un grand
discours, on ne l'arrête plus !

On sent que ces deux-là aiment discuter et se voir ! En essayant de comprendre ce que Sofiane trouve beau, sa grand-mère saute par-dessus le mur et s'invite dans le monde de Sofiane. Le rap ne l'intéresse pas particulièrement, elle n'aime pas la mode des pantalons baggies, ni la tête de Johnny Depp. Mais Sofiane l'intéresse, elle l'aime, donc

elle a envie de mieux connaître ses goûts, ses joies, ses émotions, ses plaisirs…
S'intéresser à ce que les autres trouvent beau, c'est s'intéresser aux autres, faire un pas vers eux, partir à leur rencontre. Pas forcément pour se convertir à leurs goûts et abandonner les nôtres. Mais pour franchir des murs, ouvrir des portes, entrer dans leur univers.

Questions pour un champion

Monsieur Perle est une véritable
encyclopédie : il sait tout sur tout.
Il a appris le dictionnaire par cœur,
il sait tout sur la peinture, la sculpture,
la littérature... Quand il parle
de l'Égypte par exemple, il est incollable :
il connaît les noms de tous les pharaons,
de leurs femmes, la longueur du Nil,
la hauteur des pyramides... Incroyable !
L'autre jour, Judith lui a demandé pourquoi
les Égyptiens du temps des pharaons
trouvaient que les scarabées étaient beaux.
« Je n'en sais rien », a répondu
monsieur Perle. Mais il lui a donné
le nom des tombeaux où l'on peut voir
les plus belles peintures de scarabées.
« Et pourquoi les Japonais adorent-ils
les sumos ? Des hommes obèses,
je ne vois pas comment ils peuvent
les trouver beaux ! » s'étonne Judith.
Monsieur Perle n'en savait rien
non plus, mais il a pu citer les noms

des sumos les plus connus et toutes les compétitions qu'ils avaient gagnées dans les 10 dernières années.

Monsieur Perle stocke des connaissances, mais à quoi cela lui sert-il ? À jouer à *Questions pour un champion*, seul devant sa télévision ?
On n'a pas l'impression que ses connaissances lui servent à aller à la rencontre des autres.
S'il se demandait pourquoi les Égyptiens trouvaient les scarabées si beaux, il essaierait de se mettre dans leur peau, de ressentir ce qu'ils ressentaient, de voir ce qu'ils voyaient, donc de vraiment comprendre leur époque. Cela lui ferait découvrir des beautés qu'il n'aurait jamais imaginées, il regarderait peut-être différemment les insectes de son jardin…
On comprend mieux les Japonais si on com-

prend pourquoi ils aiment les jardins très ordonnés et les énormes sumos.

Est-ce qu'on connaît mieux quelqu'un en lui demandant son âge, sa taille, son poids… ou en lui demandant ce qu'il aime, en cherchant à découvrir ses goûts ?

Parlez-moi de Laure

« Elle est canon, genre 1,70 m, dans les 60 kilos, des yeux verts en amande, des cheveux blonds raides, plutôt courts, elle a des jambes à te couper le souffle, voilà, quoi, qu'est-ce que tu veux que je te dise de plus ? J'adorerais sortir avec elle. » (Éric)

- « Canon comme t'imagines pas !
- Un peu intello, mais elle aime quand
- même le foot, elle veut être vétérinaire,
- son rêve c'est d'aller visiter des
- réserves africaines, elle trouve qu'il n'y
- a rien de plus beau que les panthères,
- il faut pas lui parler de zoos
- ni de cirques, ça la rend folle.
- J'adorerais sortir avec elle. » (François)

Éric et François sont d'accord : Laure est belle. Mais on sent bien, en les écoutant tous les deux, qu'il y en a un qui s'est vraiment intéressé à Laure, et un autre qui s'est arrêté en chemin, comme monsieur Perle.

Homme-objet, femme-objet

- Des dizaines d'hommes et de femmes
- marchent sur le podium, en maillot
- de bain. Ils font tous le même trajet :
- une ligne droite, un arrêt devant
- les juges, les hommes font sortir leurs

biceps, les femmes posent leurs mains sur les hanches et se cambrent, demi-tour, et une autre ligne droite pour rentrer aux vestiaires. Comme ça, tout le monde peut les voir de face, de côté et de dos.
Les juges mettent des notes, celui et celle qui auront la meilleure note gagneront le concours de beauté.

Le vainqueur sera celui ou celle qui a la bonne taille, le bon poids, les courbes qu'il faut, les dents bien alignées, les fesses assez hautes, les jambes assez longues… Dans les concours de beauté, on ne s'occupe pas de beauté. On s'occupe de décider à quoi il faut ressembler, aujourd'hui, pour passer dans les magazines ou à la télévision dans des publicités qui vendent du shampoing, des rasoirs, des voitures… Ces hommes et ces femmes qui participent au concours sont regardés comme des objets, des objets qui doivent avoir certaines dimensions, décidées par on ne sait qui. Les juges pourraient aussi bien noter des pâtisseries ou des pots de fleurs.

Rien à voir avec la beauté. La beauté, la vraie, c'est celle qui donne des émotions, du plaisir, de la joie.

Élève Picasso : 0/20

- Lydia pleure à la sortie de l'école.
- Elle a eu 2/20 à son dessin.
- « Moi, je l'aime, mon dessin, pourquoi j'ai eu une mauvaise note ? »

C'est vrai que c'est une drôle d'idée de noter les dessins. Sauf si le professeur a demandé de dessiner une maison et que Lydia a fait un arbre, ou si la consigne était de faire

un dessin au crayon de papier et qu'elle a utilisé des feutres. Mais là, il noterait l'erreur et l'inattention, pas le dessin.

Lydia trouve son dessin beau. Le professeur le trouve laid. Qui a raison ? On peut avoir un zéro si on écrit $2 + 2 = 5$, mais une mauvaise note à une sculpture, une peinture, un dessin, qu'est-ce que cela veut dire ? Peut-être que Picasso aurait eu zéro à ses dessins où les femmes ont les yeux de travers, le nez tordu et la bouche sur le côté ?

Une chaise bleue est bleue pour tout le monde, personne ne peut dire, en regardant une chaise bleue : « Elle est rouge. » Ce serait faux. Mais la beauté et la laideur, elles, ne sont ni vraies, ni fausses. Elles n'appartiennent pas aux objets de la même manière que la couleur, la forme, la taille.

Une belle chaise n'est pas belle pour tout le monde, quelqu'un peut toujours dire qu'elle est laide. La beauté n'appartient pas à la chaise, elle appartient à celui qui voit la chaise. D'ailleurs on dit « Je la trouve belle », et on ne dit pas « Je la trouve bleue » ! La beauté, elle se trouve. Ou pas.

Touché !

- « Quand j'écoute cette musique, j'ai le cœur qui bat plus vite. »
- « Devant le coucher du soleil, j'ai les larmes aux yeux. »

- « La voix de cette chanteuse est tellement belle que j'en ai la chair de poule. »
- « C'est beau, un feu de cheminée, je peux rester des heures à le regarder, ça m'hypnotise. »
- « Lire de la poésie, ça me fait du bien. »
- « Quand j'ai vu les pyramides d'Égypte, j'ai eu le souffle coupé. »

La beauté nous fait quelque chose, on dit qu'on est « touché » par la beauté. Dans notre corps, dans notre cœur, sur notre peau.

Le nez sur le guidon

- Traverser une forêt sans entendre le chant des oiseaux, faire un footing sur la plage sans voir le coucher du soleil, traverser la France le nez sur le guidon du vélo, nager sans avoir jamais mis de masque pour regarder les poissons, vivre 10 ans dans la même ville sans jamais avoir remarqué

- la beauté de certains immeubles,
- passer 100 fois devant une sculpture sans la regarder, écouter pendant 50 ans les 3 mêmes disques...

On peut traverser la vie les yeux fermés et les oreilles bouchées.

- « Il m'a appris à aimer la musique classique. »

Apprendre à trouver beau, voilà une idée bizarre ! Si la beauté provoque un plaisir, une joie, un bonheur, comment peut-on

l'apprendre ? On la ressent ou on ne la ressent pas. C'est vrai, on ne peut pas apprendre à trouver beau, mais on peut apprendre à regarder, à écouter, à sentir.

> « Elle m'a fait découvrir la beauté du désert. »

Savoir regarder, savoir écouter, savoir sentir, savoir s'arrêter, tout cela nous pouvons l'apprendre. Apprendre, se laisser guider par les autres, vers des beautés qu'on n'imaginait pas. Vers des trésors cachés.

Envie... d'avoir envie

Pas de problème pour être moche : on ne se coiffe pas, on s'habille avec ce qui tombe sous la main, on ne se lave pas, on parle n'importe comment, on mange salement... pas besoin de faire d'effort, il suffit d'être tout mou ! D'ailleurs, on ne dit pas « Je me fais moche », inutile de faire, il suffit de se laisser aller, d'être passif.

Mais on dit « se faire » beau, « se faire » belle. Déjà, cela veut dire que l'on décide quelque chose. Ensuite, cela montre que l'on va faire attention à soi, qu'on a décidé de faire des efforts : on est actif. Chercher la beauté, créer la beauté, être attentif à la beauté, c'est un comportement, une manière d'être.

- Départ en vacances, 1000 kilomètres
- d'autoroute pour arriver en Espagne.
- On s'arrête pique-niquer sur l'autoroute,
- près des toilettes du parking,
- ou on fait un détour de 10 kilomètres
- pour pique-niquer au bord de la Loire,
- et en profiter pour visiter un château ?

On peut traverser le monde et la vie sur une autoroute. Vite et en ligne droite. On peut aussi, de temps en temps, faire des détours, ralentir, observer, chercher. On peut décider d'être disponible pour la beauté des gens et les beautés du monde. Ces beautés, elles nous donneront envie, envie des autres, envie d'aimer, envie de faire, envie de chanter, de rire, de danser, de courir, de voler… Et surtout, envie d'avoir envie.

Le rayon vert

Annabelle et Loïc montent tout en haut de la dune qui surplombe la mer pour admirer le coucher de soleil. En arrivant au sommet, Annabelle est émerveillée. Le ciel est rouge, orange, mauve, le soleil est immense, des reflets de couleur dansent sur l'eau, c'est magnifique. Elle se retourne vers Loïc. « C'est magique, tu ne trouves pas ? » lui dit Annabelle.

> Loïc est assis dans le sable, il a sorti son jeu électronique.
> « Je suis presque au dernier niveau, ne me déconcentre pas ! »
> Annabelle ne dit rien et regarde le soleil plonger dans l'eau.
> Peut-être qu'elle verra le rayon vert, elle a entendu dire que juste avant de disparaître, le soleil lance parfois un dernier rayon, vert.

Annabelle est déçue de ne pas partager son émotion avec Loïc. Cela ne l'empêche pas d'être heureuse, émue, elle est touchée par cette beauté, mais elle se sent loin de Loïc. Avant de monter sur la dune, ils étaient allés faire du roller, manger une pizza et des glaces, ils avaient partagé de bons moments, des moments de bonheur.

Le bonheur provoqué par la beauté est différent. La beauté nous plonge dans l'émotion, nous ressentons tout très fort, notre sensibilité est à fleur de peau. Ce bonheur ne demande qu'à circuler, de nous vers les autres et des autres vers nous.

Devant un coucher de soleil ou un lever de lune, face à l'océan ou sous les étoiles, en écoutant de la musique ou en regardant une œuvre d'art, on ressent ce que des millions d'hommes et de femmes ont ressenti, on sent qu'ils ont, eux aussi, été touchés par cette beauté. On est alors reliés aux êtres humains d'hier et d'aujourd'hui, d'ici et d'ailleurs, et aussi aux étoiles, aux couleurs, aux parfums, au vent… à la vie.

Brigitte Labbé est écrivain et **Michel Puech** est maître de conférences en philosophie à la Sorbonne. Ils sont coauteurs de tous les ouvrages de la collection « De vie en vie » parus aux Éditions Milan.
Jacques Azam, l'illustrateur, signe également des BD d'humour chez Milan.

DANS LA MÊME COLLECTION

1. La vie et la mort
2. La guerre et la paix
3. Les dieux et Dieu
4. Le travail et l'argent
5. Prendre son temps et perdre son temps
6. Pour de vrai et pour de faux
7. Les garçons et les filles
8. Le bien et le mal
8. La justice et l'injustice
10. Ce qu'on sait et ce qu'on ne sait pas
11. Les chefs et les autres
12. Les petits et les grands
13. Libre et pas libre
14. Le bonheur et le malheur
15. La nature et la pollution
16. La fierté et la honte
17. L'être et l'apparence
18. La violence et la non-violence
19. La beauté et la laideur
20. Le rire et les larmes
21. Le courage et la peur
22. Le succès et l'échec
23. L'amour et l'amitié

Quelquefois, on se retrouve entre amis, à deux, à trois ou plus, pour regarder un film, faire un jeu, préparer un exposé ou simplement écouter de la musique. Ou on est là, ensemble, sans rien faire de spécial. Et il arrive que la conversation démarre, sur un sujet qui intéresse tout le monde.

MON CAHIER GOÛTER PHILO

Sans s'en rendre compte, on se lance dans de grandes discussions sur les parents, les professeurs, les amis, sur l'amour, la guerre, la honte, l'injustice… On refait le monde ! Et le soir, quand on se retrouve seul, on y repense.

C'était vraiment bien de pouvoir parler de tout ça, même si parfois, on est furieux parce qu'on n'est pas du tout d'accord avec ce que les autres disent, ou parce qu'il y en a qui veulent tout le temps parler et n'écoutent rien.

UN VRAI GOÛTER PHILO

Mais alors ! Si c'était bien, pourquoi ne pas organiser des débats, des discussions, sur un sujet qu'on choisirait ensemble ? À la maison, chez des amis ou, pourquoi pas, à l'école ?

Alors voici quelques trucs pour réussir un vrai « goûter philo ».

- Il vaut mieux ne pas être plus de 10 personnes.

- Évidemment, il faut un bon goûter, à boire et à manger !

- C'est bien d'être assis par terre… On peut s'installer comme on veut, on parle plus librement ! Et on peut mettre le goûter au milieu du cercle…

- Quelqu'un est chargé de proposer plusieurs sujets. Sauf si tout le monde s'est déjà mis d'accord pour parler de quelque chose de précis.

UN VRAI GOÛTER PHILO

🟡 Chacun réfléchit pour décider quel sujet il préfère, sans rien dire aux autres pour ne pas les influencer.

🟡 Quand tout le monde a choisi, on vote pour le sujet dont on a le plus envie de parler. Attention : un seul vote par personne.

🟡 Le sujet qui a le plus de voix gagne : c'est de cela qu'on va parler aujourd'hui.

Les autres trucs, pour réussir à s'écouter, pour ne pas s'agresser, pour accepter les idées différentes des siennes, pour laisser parler tout le monde, ces autres trucs, vous les trouverez vite vous-mêmes !

C'est parti ! Donnez-vous une heure. Mais après tout, vous pouvez aussi y passer la journée !

UN VRAI GOÛTER PHILO
SUR LA BEAUTÉ ET LA LAIDEUR

Les jus de fruits et les gâteaux sont là, le sujet aussi : aujourd'hui, vous avez choisi « La beauté et la laideur ». Si la discussion a du mal à démarrer – cela arrive quelquefois, on se regarde tous et personne ne sait quoi dire ! –, nous vous donnons quelques pistes pour lancer le débat.

🟡 Quand on se regarde dans la glace, est-ce qu'on se dit la même chose que la fille de la page 9 ?

🟡 Qui connaît des filles comme Sylvie, page 13 ? Et son histoire avec Frédéric, est-ce que c'est possible que cela arrive ?

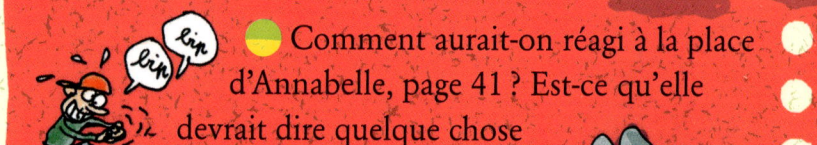

🟡 Comment aurait-on réagi à la place d'Annabelle, page 41 ? Est-ce qu'elle devrait dire quelque chose à Loïc ?

🟡 A-t-on déjà croisé des gens comme monsieur Delmer, page 22 ?

UN VRAI GOÛTER PHILO
SUR LA BEAUTÉ ET LA LAIDEUR

Pour s'aider, on peut naviguer comme cela dans le livre. Quelqu'un lit tout haut un passage, ou une des petites histoires. Cela fait penser à d'autres histoires qui nous sont arrivées ou sont arrivées à d'autres, on les raconte et on essaie, ensemble, de comprendre ce qu'elles veulent dire.

🟡 On peut aussi se poser des questions, et en poser aux autres. Et chercher ensemble des réponses… ou bien se rendre compte que, quelquefois, on ne trouve pas de réponse : derrière une question, il s'en cache une autre, et encore une autre, et encore une autre…

🟡 En voici quelques-unes, en vrac… de quoi s'occuper des heures !

« Quand on se regarde dans la glace, est-ce qu'on se trouve beau ? » ; *« Est-ce que c'est difficile d'accepter les goûts des autres ? »* ; *« Est-ce que c'est grave de se trouver moche ? »* ; *« Si on veut dessiner quelqu'un de méchant, on dessinera quelqu'un de très laid, pourquoi ? »* ; *« Quel rapport entre la laideur et la méchanceté ? »* ; *« C'est quoi, une belle action ? »*

À vous de jouer ! À vous de goûter ! À vous de philosopher !

MES IDÉES...

… MES HISTOIRES

MES IDÉES...

...MES HISTOIRES